내 얼굴 위에 붉은 알러지

리토피아포에지 · 41
내 얼굴 위에 붉은 알러지

인쇄 2016. 4. 20 발행 2016. 4. 25
지은이 소율 펴낸이 정기옥 펴낸곳 리토피아
출판등록 2006. 6. 15. 제2006-12호
주소 402-814 인천 남구 경인로 77(숭의3동 120-1)
전화 032-883-5356 전송032-891-5356
홈페이지 www.litopia21.com 전자우편 litopia@hanmail.net

ISBN-978-89-6412-061-3 03810

값 9,000원

이 도서의 국립중앙도서관 출판예정도서목록(CIP)은 서지정보유통지원시스템 홈페이지(http://seoji.nl.go.kr)와 국가자료공동목록시스템(http://www.nl.go.kr/kolisnet)에서 이용하실 수 있습니다.(CIP제어번호: CIP2016009070)

소 율 시집

내 얼굴 위에 붉은 알러지

문학과유토피아
LITERATURE & UTOPIA

시인의 말

햇살 유난히 따사롭던 어느 해 봄, 거리엔 붉은 장미꽃 넌출 대며 피어올랐다. 햇살 아래 붉은 장미꽃 마침내 내 얼굴을 타고 꽃들 송이송이 피워 올렸다. 내 얼굴 위에선 한 여름날 태양광처럼 붉은 열꽃이 아주 오랫동안 향기로웠다.
오랜 망설임… 끝, 그럼에도 또 다시 빛에게 빚을 지기 위해 떠나는 또 하나의 발자국.

2016년 봄
소율

차례

제1부 물 위에 집을 짓다

제2부 봄이면 가끔 통증

제3부 사랑, 그 쓸쓸함에 대하여

제4부 아마존을 듣는다

| 제1부 |

물 위에 집을 짓다

물 위에 집을 짓다

숲을 연주하던 새들
서둘러 꽁지깃을 감추는군요
나무들도 더 이상은 햇살로 된 악보를 펴지 않아요
하늘은 아침부터 구름 낮게 흐르게 하고
무거워진 허리 비틀며 빗방울 후두둑 떨궈 놓네요

물기 젖은 내 몸속을 바람이 훑고 가네요
관절 마디마다에선 물안개가 피워 올라요
물 위에 뜬 내 집은
물살 한 번 일렁일 때마다 한 눈금씩 기울어가고
단단했던 둔덕 푸르르르 무너져 내려요

당신과 나의 사랑은
땅속에 끝끝내 뿌리내리지 못하는 물풀들처럼
흔들리다 흔들거리다
한 순간 휩쓸려가도 그만인 것을
눈물 한 방울의 무게에도 견딜 수 없는

파도

여보게 자네는 아나
시간이 흐를수록 각 진 어깨는 둥글려지고
거친 세상 한 귀퉁이가 무심히 잘려날수록
상처는 저 혼자서 어둠 속으로 드네
그 안에서 뿌리를 키워간다네

여보게
어둠은 이미 방향 잃고 헤매는 키를
되돌리지 못한다네
나는 이 때 세상 곳곳을 돌며
어찌 하나 어찌 하나 밤새 뒤채며 울고
세월이 흐르는 동안
몸 어디쯤에 남아있을 멍자국들은
한겨울의 눈꽃처럼 화려한 꽃을 피우네
검푸른 실체를 드러낸다네

여보게, 자네 알고는 있나
여전히 혈기 등등한 바다

그 앞에서 굽은 등 꼿꼿이 펴고
앞으로만 향해서 내달리는 파도를 보며
부질없다 부질없다 참으로 부질없구나
그 이유를
여보게 자네는 아나

그 곳, 안개가 있는

그곳에선 우리 모두 안개가 된다

앞서 가던 불빛이 희미해진다
길은 소리로만 길을 만들고
새들은 접은 날개를 펴지 못한다
나무들이 몸을 낮추는 사이
숲을 뒤덮던 잎새들의 푸른 기억마저
허공에서 떠돌고 있다

안개가 밤새워 목청껏 노래를 부르고 있는
하늘도 그곳에선 안개가 된다

그곳에서 나는
때로 기억하고 싶지 않는 것들을 버린다
그동안 내게 비교적 선명했던
불빛과
길과
아직도 뜨거운 열정

신앙 같은 표지판들을

몸이 새털처럼 가벼워진다

이른 새벽, 동해안 고속도로 원주 가는 길목
그곳에선 우리 모두 안개가 된다

로스코 채플*

—작품넘버·5

죽음이 피를 흘린다
컴컴한 어둠 속에서 죽음이
피 흘리며 싸늘하게 죽어간다
마침내 관들이 일어서고
잘려나간 꿈들이 깃발을 세워
그 안으로 검은 뿌리 한없이 뻗어 내린다

여기는 컴컴한 땅속
무거운 침묵이 자리를 펴고
절망이 손 내밀며 달려오거든
가슴을 내려치며 회한이 밀려오거든
조용히 다가가 무릎을 꿇고
싸늘히 죽어가는 죽음에게 키스를
끊임없이 방황하며 달아나는 네 영혼에 안부를

오호라 신이시여
경배를 하자
우울한 그대 눈동자에

별빛 같은 축포를 쏘아 올리라
목숨 찬란하게 내어놓을 때
비로소 하늘길 열려 오리니

저 싸늘히 죽어가는, 죽음에게 키스를
저 끊임없이 방황하며 달아나는, 네 영혼에 안부를

드림, 꿈, 드림, 꿈, dream

* 로스코 채플 : '마크 로스코'는 1940년을 전후해 미국에서 왕성하게 활동한 화가 중 하나로, 전 세계의 화풍에 추상표현주의의 새 길을 열었다. '로스코 채플'은 마크 로스코의 그림들로만 가득 찬 예배당(미국 휴스턴에 위치)을 말하며, "그림 외에는 어떤 장식도 하지 말라"는 화가의 생전 소신에 따라 현재에도 전 세계 종파를 초월한 '세상에서 단 하나뿐인 예배당'으로 운영되고 있다. 그는, 1970년 향년 66세에 '더 이상 예술의 혼을 발견할 수 없다'며 자살로 생을 마감하였다.

괄호 채우기

괄호는 언제나 우리들에게
그 안을 알맞은 답으로 채우라 요구를 하지
떨림의 첫 발 내딛던 초등학교 입학식 날엔
넌 무슨 글자를 그리고 싶니
바다 쓰기 하자
연필 쥔 손목에 제법 힘이 붙던 어느 날
넌 어떤 부호의 징검다리를 건너고 싶니
덧뺄셈을 해보자
저 숲속 우거진 느릅나무 덩굴 아래가
문득 몹시도 궁금해지던 어느 날
자 푸른 하늘을 향해 맘껏 날아가 보렴
너만의 유토피아를 완성해야지
문제를 잘 읽고 그 안을 알맞은 답으로 채우라는
제시문을 읽다가 그 알맞은 답
바람 따라 일렁이다 보면 찾을 수 있을까
물결 따라 출렁거리다 보면 찾아질까
괄호 안을 채우고 나면 빛이 보인다
새로운 길 나타나겠다

하지만 아직도 채우지 못한 저 숱한 괄호들
그 앞에만 서면 여전히 숨이 막히는, 나 어떡하라고

겨울나무 위 눈꽃

뼈들이 발아하는 소리 들렸어 한 밤중이면 충만하던 수액들 줄줄이 증발해갔고 통증을 호소하던 지층이 발끝에서 흔들리고 있었어 몇 번의 계절이 지나는 동안 각질 켜켜이 쌓여만 가던 발뒤꿈치엔 균열이 일고 있었어 마침내 골반의 균형마저 좌우 서로 어긋나기 시작하였어 겨울은 뼛속으로만 격하게 파고들었어

봄은 번번이 무릎 연골 틈새를 비집고 나와 꽃을 피웠어 폭염 속 늘어진 나뭇가지 잎잎들 처연하게 푸르러갔어 하지만 저 들판의 억새, 비바람 내려칠 때마다 고독에 몸부림치며 몸 낮춰 울고 있었어 가을은 정수리 한 가운데서 뭉텅뭉텅 뽑혀 나온 내 어머니의 머리카락을 쥐고 잎들 태연하게 물들이고 있었어

창백한 보름달이 우듬지 끝에서 가을날 연시처럼 부풀어 오르고 있었어 사막이 되어버린 어머니의 자궁이 다시 달거리를 시작하려는지 혈관 붉어지고 있었어 갓 구워낸 오븐 속 쿠키처럼 바삭이던 뼈들이 결기를 세우고 있었어 심장은

혈맥을 열어 피돌기를 시작하였어 앙상한 나무 가지를 타고 꽃들 순결하게 피어나고 있었어

절망의 더께를 딛고 별들 창백한 얼굴로 빛을 쏘아대고 있었어 꽃술들 사이 점점이 박혀있던 옹이가 흐느끼듯 빛나고 있었어

풍경

—도시에 비

빗줄기 쏟아진다
쏟아지는 빗줄기에 도로는 점령당했다
어지럽게 흩날리는 빗줄기 따라 길들은 경계를 잃는다
바람이 나뭇잎을 떨구며 오면
어둠 속 불빛들이 춤을 추기 시작한다

웃자라는 욕망을 찾아 사람들은 수시로 종종 걸음을 친다
철갑을 뚫고 나온 소음들이 재빨리 허공 속으로 들고
음표들이 곡을 놓치고 문장들은 해체가 되고

접속사가 빠져있는 시집 속 언어를 찾아
우편배달부는 온 종일 땅속을 헤매고 있다

그대여 나와 함께 가기로 해요
고독이 겹겹이 둘러앉은 빙벽을 타고
안나푸르나 저 드높은 고지를 향해
발길을 힘껏 내딛어 봐요

시계추가 태양의 축을 들어 옮기려 허리를 굽히고 있다
우주는 감정 없는 하루를 끊임없이 생산해내고
찌푸린 하늘에선 하루 종일 비
단단한 보도블럭 한가운데로 질척이며 내리고 있다.

孝에 관한 고찰

염을 하는 남자의 눈빛이 비장하다 강보에 쌓인 갓난아기 같이 얌전하게 누워있는 주검을 놓고 십자가에 매달린 예수, 삼일 만에 부활하였다 나는 유통기한이 지난 우유를 들고 망설인다 버려야 할지 말아야 할지를 고민하면서 시간은 간다 검버섯 가득한 주검의 이마 위엔 이미 완결된 문장의 부호 같은 마침표가 선명하게 찍혀져 있다 그러나 여전히 꼿꼿하게 모자를 둘러쓰고 앉아있는 어머니, 앞에서 요단강 건너가 만나자는 찬송가 소리 낙타 등에 실려 사막으로 달려 나간다 끝도 없이 줄지어 선 화환들이 화려한 명패를 달고 검은 테가 둘러쳐진 문 안을 기웃거리고 있다

계절이 한 번씩 지날 때마다 꽃밭의 꽃들 풍성해갔다 몸 안의 뼈들 그 때 한 뼘씩 키가 줄었고 어린 제비새끼들처럼 입 벌려 넙죽넙죽 받아 삼켰던, 그 뼈들의 안부가 궁금하여 어머니 밤새 문밖으로 귀를 세웠다 밤이면 찬바람에 휘날리는 마른 낙엽 소리를 내던, 뼈들 뿌리째 흔들려왔다 둥지 밖 뼈들 분명 함께 울었을 텐데 잡것들이 모른 체한다 고얀!

염을 하던 그 남자가 주검 앞에서 삶의 유효기간이 아직

끝나지 않았다 생떼를 써대기 시작한다 질긴 게 사람 목숨이라며 주검의 눈 코 잎들을 한층 더 비장해진 눈빛으로 더듬어댄다 말 잘 듣는 고양이처럼 주검이 그 남자의 손끝에서 인절미 고물 묻히듯 굴려지고 있었다 씨줄날줄 얼기설기 엮인 삼베천 위로 유난히 붉게 새겨진 글자 하나 처~ㄹ썩 콩고물처럼 붙는다, **孝**.

나는 유통기한이 지난 우유를 미련 없이 하수구에 쏟아버린다

* 고인이 되신 박화금 여사님의 명복을 빕니다.

하나님 오 하나님

하나님을 만나러 산으로 갔다
하나님을 만나러 들로 나갔다
하나님을 만나러 바다로 갔다

오오 거룩한 하나님을 만나기 위해 마침내 한밤중 거리로 나섰다. 그곳엔 유령처럼 떠도는 눈동자 가득하였고 가여운 영혼들 물결처럼 흘러 다니고 있었다

어둠 때문일 게다 타락한 성직자 하나 참으로 경건한 얼굴을 하고서 깜박이는 불빛 향해 비틀대며 가고 있었다 그 뒤를 유난히 뻣뻣한 고개와 더욱 유난스레 굽어지지 않는 무릎관절을 가진 신도들 열을 지어 따라가고 있었다 오 하나님, 거리엔 찬송가 소리 밤을 유혹하는 붉은 립스틱처럼 황홀해 왔다. 어둠이 짙어갈수록 더욱 현란해지는 밤의 무지개, 페로몬 향기가 거리를 가득 메우고 독버섯들 그 안에서 쑥쑥 넝쿨을 뻗어 올린다

길 위에서 헤매던 영혼들이 불빛 향해 달려드는 불나방처

럼 떼를 지어 달려들고 있었다 주여 우리를 구원할 자 당신이오니까, 진정 당신이오니까, 우리를 구원하소서 우리의 눈은 멀었고 아무것도 볼 수 없는 미천한 자들, 오 나의 하나님

하나님을 만나러 교회로 갔다
하나님을 만나러 성당엘 갔다
하나님을 만나러 산사로 갔다

모닥불

그래 그랬던 거야 우리 서로 둥글게 마주 앉아서 곳곳의 모난 세상들을 사유하고 있었던 거야 이따금 촛불심지 사그라들 듯 타닥타닥 타들어가는 나무의 잔상들 바라보며 도대체 온 인류의 희망과 절망에 대해 격론을 벌이곤 하였던 거야 저마다의 생각들 이 때 각을 조금씩 허물고 또 일으켜 세우곤 하였던 거야 그 사이 와와거리는 함성소리가 시국을 자극하고 있었던 거야 마침 방안에서 잠자던 아기의 눈이 붉게 충혈되고 있었던 거야

그랬던 거야 지구촌 한 쪽에선 여전히 결기 어린 젊은 청춘들 더러 불꽃처럼 산화하고 있었던 거야 푸른 혈류가 흐르던 이마는 오랜 전통을 지켜낸 원시마을 부족장의 목에 걸린 훈장같이 빛이 나고 있었던 거야 그러나 그도 잠시 빛은 색을 잃고 말았던 거야 시대는 항상 청춘을 담보로 과욕을 부추겨왔고 갈증 너머에 숨겨져 있는 욕망들 습관처럼 갈취하고 있었던 거야, 그렇게 분노의 포도*들은 자라나고 있었던 거야

그래 그랬던 거야 이글이글 타오르던 여름날의 열기도 한순간 싸늘하게 식어 버렸던 거야 외줄 타듯 시신경에 핏발 세우던 청춘 백발이 성성해지면 촛불심지 사그라들 듯 타닥타닥 타들어가는 모닥불 향해 깍지 낀 두 손 어느 새 맥없이 풀어놓게 되었던 거야 한 겨울 지나는 길손들에게 따스한 온기 한 줌쯤 나눠 줄 걸 넉넉하게 내어주고 있었던 거야

세상이 흉흉할수록 시린 손발들은 한 곳으로 모여들고 있었던 거야 그렇게 그곳에서 모닥불처럼 온몸으로 안아주길 기대하고 있었던 거야 어깨들 몇 둥글게 모여앉아 언젠가 다시 격렬하게 타오를 불꽃 바라만 보고 있었던 거야 행여 그 불씨 잦아들까 자그마한 불티마저 조심조심 어르고만 있었던 거야 그 앞에서 우리 그렇게, 그래 그랬던 거야

* 존스타인 벡의 소설을 존포드가 영화(1940년)화 한 작품. 미국의 대공황시기에 거대자본주의에 의해 횡포당하는 농민들의 비참한 삶을 다루고 있다.

네비게이션

그녀는 참, 친절하다. 안전한 삶은 절대 안전 속도를 지킬 때에만 가능하다. 속도위반 또는 지정된 경로를 이탈할 시엔 영원한 수렁 속으로 빠져들 수도 있다, 고 때로는 나긋나긋하게 또 때로는 아주 엄하게 수시로 안내해 온다. 그런 그녀의, 몸매는 비너스처럼 분명 뒤태가 매우 아리따운 여인일 것임에 틀림이 없다. 하느님이 보우하사 우리나라, 만세다

직선으로 뻗어있는 도로 위를 달려가고 있을 때 경로를 벗어났다 외쳐대는 다급한 경고문은 이미 무의미하다. 출구는 어디에도 보이지 않고 쫓기듯 떠밀려가는 등 뒤로 손을 흔들며 빠르게 멀어져가는 저 경계선 너머의 길, 차라리 쿨하게 포기할 것, 오직 허용된 길 위의 법칙만을 준수할 것, 하여 또 전진!

앞으로만 전진해가던 한 남자가 도심 속 사찰寺刹 문 안으로 숨어들었다. 조용하다 못해 적막한 사찰이 침묵의 방어벽 단단히 친다

사찰의 문, 그 안과 밖 경계를 사이에 두고 팽팽하게 버티기 하던, 남자가 끝내 문턱을 넘어 밖으로 걸어 나온다, 문과, 문 사이의 경계의 지점 바로 그 위에서 일거수일투족을 사찰査察당하던, 그가 체포된다, 그에게선 불법소요주도 혐의가 포착되었다고 신문 속 활자들이 유난히 호들갑 떤다, 그 남자는, 단지 비너스 그 아리따운 뒤태에 홀려 넋을 놓고 달려간 죄 밖에 없을 뿐이라 말하고 싶었다, 그러나 애초 아리따운 그녀, 따윈 없다 그는, 육중한 철문 안에 갇혔다 밤처럼, 문고리는 밖으로 엄중하게 채워져 있다

해가 저물기엔 아직은 이른 시각, 거리엔 벌써 어둠이 내려앉는다, 도로 위 표지판조차도 선명성을 놓치고 있고 운전대를 잡은 손바닥 안엔 땀이 흥건해온다 이 때, 경로를 벗어났으므로 새로운 경로를 재탐색하겠다는 그녀의 음성이 애국가처럼 경건하게 흘러나온다 동해물과 백두산이 마르고 닳도록, 마르고 닳도록 하느님이 보우하사, 우리나라, 만세다

그 남자의 하루, 되돌이표 후렴구 같은

해가 저물어 컴컴한 저녁, 용산역 기차티켓 발매 창구 앞에서 한 남자가 손 벌려 구걸을 한다

제가요, 표 값이 모자라는 데요, 조금만 보태주세요,

제가요, 표 값이 좀 모자라는 데요, 보태주세요

그 남자 그 자리에서 끊임없이 손을 벌리고 있다
행인들은 될수록 무표정한 얼굴로 카드 위에 새겨진 전자태그처럼 납작하게 엎드려 개찰구를 빠져 나간다

저 아득한 아랫녘 길을 향하여
철로는 사방으로 어지럽게 펼쳐져 있고
어쩌다 성큼 다녀온 무등산 중심사
이 밤, 그 아래의 길로 함께 떠났던 사람들 되돌아온다
길 하나 마침 불빛 속에서 또 다른 길에게 손을 내민다

남자는 하루 온종일 매표창구 앞에서 구걸을 한다

그의 과제는 언젠간 넘사벽*인 저 개찰구 당당히 통과해 가는 일 그러나 지금 그에겐 너무 요원한, 그래서 끊임없이 구호만 반복해대는 용산역의 하루가 그 남자의 손끝에서 내내 휘돌고 있다

제가요, 표 값이 모자라는 데요, 조금만 보태주세요,
제가요, 표 값이 좀 모자라는 데요, 보태주세요,
제가요, 좀, 모자라는 데요, 보태주세요

* '넘을 수 없는 4차원의 벽'이라는 말의 줄임말로 요즘 젊은이들 사이에서 자주 쓰인다. 곧 능력이 탁월한 어떤 대상이나 인물이 있을 경우 그 대상(인물)과의 차이가 엄청나게 크다는 의미로 쓰이는 신조어.

초분草墳* 순례

할머니, 산허리 모퉁이를 돌아돌아
구불구불 굽어진 산길을 따라
어딜 가세요
이른 아침이면
숲은 하늘을 둥글게 말아 올리고
잎 잎들 사이로 푸른 수액이 안개처럼 피어올라요

나뭇잎 싱그러운 가지마다
뱉을수록 더욱 외로워지는 참새 떼들의 수다
푸른 잎사귀 방싯거리는 산속
도토리를 찾고 있는 청솔모 날다람쥐를 놓고
할머니 어딜 가세요
칡넝쿨 무성한 숲을 헤치며
높디높은 재를 말없이 넘으며

할머니 가시는 그 뒤로
그림자 길게 늘이며 쫒아가네요
오색 별꽃들 밤하늘에서 내려와

내딛는 발자국 따라 앞다퉈 피어나고 있어요

뒤엉켜 마른 덤불숲을 헤치면
그 아래 다 닳아버린 고무신 한 켤레가
가지런히, 바람
바닥 안을, 비
안온한 햇살 그득이 담겨있는데
할머니, 어딜 가세요

* 초분草墳 : 시체를 땅 속에 바로 묻지 않고 풀이나 짚으로 일정기간 동안 덮어두었다가 썩은 뒤에 뼈만 골라내어 땅에 묻는 우리나라 전통 장례 풍속의 하나로 현재는 선유도를 포함한 남서해안지방 등 극히 일부지역에만 남아있다.

풀등*

파도소리에 잠이 들고
파도소리에 잠이 깨는

그곳에 방이 있나요

새벽별 지고 나면 떠나야 해요
휘파람소리 나직이 들려올 때쯤
바다 속 고래 한 마리 어둠을 뚫고 불쑥 솟아올라요

유폐된 공간에서 사철 내 잠들어 있는
섬 풀등에 서서

하늘을 올려다본다

저 멀리 보이는 능선을 따라
슬픔보다 더 붉게 타오르던 진달래

끝내 바람 버석이며 불어오고

뱃길 끊어진다
기억마저 끊겨져 온다

그곳에 방이 있나요

파도소리에 잠이 들고
파도소리에 잠이 깨는

* 풀등 : 인천 승봉도 앞 바다 속에 잠겨있는 거대한 모래사막 섬. 약 30여만 평의 모래사막 섬이 썰물 때면 끝도 없이 펼쳐져 장관을 이룬다.

언필칭言必稱 시詩라거든

백셩들을 어엿비녀겨 한글이 탄생하였네
닿소리 홀소리가 음절이 되고
음절들이 결합하여 단어가 되고
그 단어 열을 지어
마침내
말言이 되고
문장이 되고

사물들이 눈썹을 깜빡이며 말을 건네네
간절히 입을 열어 손을 내미네
말들 기어이 늑골로 드네
심장 속에 반짝 머물다 말고
거푸집을 벗어던지며
눅눅한 협곡 속에 몸을 숨기네

탐색전은 끝이 났다네
고성능 기관포가 장전을 하고
발사체 진격의 명령 숨죽여 기다린다네

활자들이 전열을 다듬을 때쯤
펜촉이 직립을 하네
펜을 쥔 손목 위로 맥박 푸르게 뛰네

어리석은 백성들이 펜대를 쥐고
아직도 어둠 속을 헤매고 있네

시詩는 여전히 펜 끝에서 맴돌고 있네

산 바다 하늘처럼

―결혼 축시·1

아들아, 눈을 들어 산을 보아라
산은 언제나 그곳에 서서 묵묵히 세월을 견디고 있지
나무들 팔 벌려 숲을 이루고 온갖 새들 그 안에서 둥지를 트네
철 따라 꽃들 피어오르면 구름도 산 구릉에 머물다 가네
때로는 비바람이 산을 덮치고
나무 밑둥 뿌리째 흔들릴 게다
바위 밑둥 통째로 흔들릴 게다
그러나 산은, 그럴수록 녹음 더욱 짙어만 가지

아들아, 눈을 열어 바다를 보라
언제나 망망대해를 향해 고독하게 달리는 바다
파도는 번번이 툴툴거리고 갈매기 떼 덩달아 방황을 하네
바다는 그럼에도 끊임없이 어르고 달래고, 또다시 어르면서 뭍으로 가네
하지만 한순간 밀려드는 어둠 속 격랑
수평선이 길을 잃고 헤매일 테다
지평선이 길을 잃고 헤매일 테다

그러나 바다는, 그럴수록 물결 더욱 깊어만 가지

아들아, 고개 들어 하늘을 보라
한낮의 태양빛에 눈이 부시고 만물들 그 아래 조아려 섰다
간밤에 별을 보며 꿈꾸던 이들, 이마는 푸르게 빛나고 있네
하늘엔 언제나 반짝이는 별들로 가득하여라

아들아, 우리 저 푸른 산처럼 살자
아들아, 우리 저 넓은 바다처럼 살자
아들아 사랑하는 내 아들아
모두에게 꿈을 주는 드높은 하늘
그 하늘처럼 우리 그렇게 살자

우린 모두, 그렇게 후후
—스마트폰 시대

이제는 터치터치
살랑살랑 헤엄치는 물고기같이
나풀대며 떨어지는 나뭇잎같이
터치터치, 아가의 방싯대는 눈동자같이
그렇게 우린 모두 후후~

창문을 열면 저 너머엔 꽃향기 가득한 숲길
온갖 새들 우짖으며 길을 떠나요
뇌 속의 기억들은 모두 사라져
더 없이 상쾌한 아침이 와요
그렇게 우린 모두 후후~

빙벽 끝 고독쯤
휘파람에 가볍게 날려버려요
터치터치, 사랑도 전쟁도
무거운 인생살이도
이제 우린 모두, 그렇게 후후~

| 제2부 |

봄이면 가끔 통증

바다로 가는 길목

바다는 함부로 건널 수 없는 철옹성이다 쉽게 접근해서는 안 되는 절대 금지구역, 망망한 바다를 바라보며 먼 곳 혹시 내가 저 푸른 바다를 건널 수 있을까 아득해하던 어릴 적 그때

바다로 간 사람들 더러 돌아오지 않았다 그럼에도 바다는 이튿날 여전히 동쪽에서 서쪽으로 해를 띄웠다 어쩌다 슬픔이 장막처럼 덮여오고 빗줄기 간간이 사납게 울었다

하루는 강이 바다에게 나포되었다는 소문 온 동네에 돌았다 다 떨어진 운동화가 모래밭에서 오랫동안 주인 없이 쓸쓸하였다

물은 물속에서만 길을 내 준다 물길을 따라 끝없이 내달리다 보면 뭍과 뭍을 이어주는 징검다리 하나, 물무늬 둥글게 밟으며 또 다른 징검다리를 건너려 할 때 갑자기 빗방울 굵어지고 바다로 가는 길목에서 강줄기가 소리를 낸다 왜 하필 이 때, 바다는 불시에 나타나 번번이 산과 들을 휩쓸고 가나 끝없는 바다, 아니 머나먼 수평선

벚꽃축제

돈다돈다 상모가 돈다 순백의 꽃송이가 포담스런 벚꽃나무 아래
알록달록 붉은 상모가 원을 그리며 돈다 꽃향기 흩날리는
꽃길 따라 가면서 돈다

징 장고 북
징 장고 북
징 북 장고장고 징 북 장고장고

돈다돈다 휘휘 돈다 알록달록 붉은 상모가 휘모리 장단에 맞춰
회오리바람처럼 휘돌아간다

사월이 꽃을 향해 총구를 들이밀었네
꽃망울들 팝콘 튀듯 입을 벌리자
꽃잎 속에 숨어있던 하얀 나비 떼
한꺼번에 하늘 위로 솟구쳐 갔네
하필 팽목항*이 급체를 했네

느닷없이 꽃눈 하얗게 나리고 있네
눈앞에서 예고 없이 벌어지는 황홀한 축제
착지를 찾지 못한 눈꽃송이가 허공에서 나풀나풀 떠돌고 있네
새파랗게 질려있는 꽃잎을 보네

가지 위에 매어달린 꽃송이들은 여전히 해맑게 웃고만 있어
우네 우네 목놓아 우네 알록달록 붉은 상모들 끝끝내
만장기 휘날리며 울면서 가네 훠어이훠어이 아주 천천히

징, 치고 북, 치고 장고, 치고
징, 치고 북, 치고 장고, 치고
징, 북, 징, 북, 징, 북, 징 징 징

* 2014년 4월 16일, 세월호 침몰 사고가 일어난 진도 앞바다 항구. 제주도로 수학여행을 떠나던 단원고 어린 학생들을 포함 약 삼백여명의 승객들이 그곳에서 대량 희생되었다.

봄이면 가끔 통증

꽃 진다 불꽃처럼 타오르던 절정의 순간
검푸른 바다를 향해 동백꽃 몸을 던진다

그녀는 왜 몸을 던져야 했을까 너울파도 속으로 회오리치듯 빨려 들어갈 때 열여섯 청이는 이미 혼절해 있었을까 기도 어디쯤에 주저앉아 울던 밥알들 그래도 꺼억꺼억 흐느끼며 그녀 뒤를 따라 갔을까 아득한 시절보다 더 아득하게 굳어버린 기억 속 어미를 향해 그리움 절절히 쏟으며 떠나갔을까 그렇게 뛰어든 바다 심연의 계곡에서 그녀는 왜 아비가 아닌 어미는 만나지 못하였을까, 여수의 봄날은 가고 오동도의 동백은 지고 전설 속에서 유독 선명한 여인들 화려하게 부활해 있는, 그 앞에서 한 남자가 연신 카메라 조리개를 들이대며 셔터를 누르고 있다

꽃 같은 청춘 통째로 유혹하는 봄이면
가끔 가슴 한 쪽이 아릿한 슬픔으로 뻐근해오는

여전히 풀등

울지 말아요 그대
세상은 온통 꽃밭인 걸요
파도가 유난히 뒤채고 나면
창백해진 얼굴로 바다는 달려 나가고

끝도 없는 저 모래사막을 뚫고
거뭇 누웠던 꽃들 다시 피어오르고
가마우지 흙터를 안고
당신은 언제나 저만치 있고

혹 간밤에 내가 단잠을 이뤘던가요
풀 한 포기 보이지 않는 이곳은 여전히 풀등
그 외로운 풀등에 서서
그대여, 울지 말아요 제발

이봄에 자목련

밤마다 마른 울음 삼켜야 했다 한밤중 시계소리만 긴 밤을 울어대었고 그렇게 시간이 흐르는 동안 선명하게 새겨지는 나무의 나이테처럼 곰팡이꽃 도도하게 솟아올랐다 어둠 속에서 낮게 포복해있던 상흔들 물기 젖은 바람이 불어올 때쯤이면 꽃송이 불콰하게 피워 올렸다

빛은 보이지 않았다 짙은 안개더미가
터널 속에서 허우적이는 내 발목을 휘감아 안고 사라져갔다
음표들이 불안한 듯 동당거리며
어둠의 소매 끝에 매달려 있다

꾹꾹 눌러두었던 상처가 켜켜이 날을 세우며
한꺼번에 일어서고 있었다
각각의 생각과 행동들이 뒤엉켜 날카롭게 대립을 하고
창밖의 나무는 연신 메마른 가지를 흔들어댔다

현기증 인다

자목련이 놀라 화들짝 꽃망울을 터뜨려댄다
훌쩍 가벼워진 어깨를 펴며
슬픔의 덩어리들을 뭉클뭉클 쏟아 내놓고 있다

눈시울을 붉히며
봄은 그렇게 다시 시작되고 있었다

화분갈이

관음죽 화분 하나, 여러 해 동안 저 혼자서 뿌리 내리고 잎을 키웠다 겨울을 나다 더러는 얼어 죽고 더러는 말라 죽고

화분 속 이파리가 누렇게 떠 있다 얼기와 녹기를 반복하여 푸석푸석해진 몇 가닥 뿌리마저 흙 밖으로 밀려나 있다 화분 속 흙덩이가 돌처럼 단단하다

단단하게 굳어버린 흙덩이를 파낸다, 찬바람이 한꺼번에 떠밀려온다, 산 바다 하늘이 번갈아 들멍날멍하는 사이 바람은 자주 뼈마디 사이에서 풍악을 울렸다

굵다란 자갈 몇 개를 집어 올려 화분 속에 넣는다 그 위로 잔 돌멩이 잔잔하게 얹는다 새로 이식할 화초의 뿌리를 잡고 화분 안 가득 부엽토를 밀어 넣는다

어찌 저리 되도록 무심했을꼬?

누렇게 푸석푸석한 얼굴을 가진 한 노인, 중얼거린다 숱한 날들을 혼자 맨몸으로 버텨왔던들, 더 이상의 바람은 사치라우

관음죽 화분 하나, 여러 해 동안 저 혼자서 뿌리 내리고 잎을 키웠다 겨울을 나다 더러는 얼어 죽고 더러는 말라 죽고

그러나 화분 안은 어느 새, 봄
푸른 관을 머리에 이고 바람이 뒤따라 와 또아리 튼다

자작나무 숲에 들다
—러시아

한 사내 있었네 말없이 벌목작업을 하던, 그의 몸은 아직도 힘줄 불끈거렸고 심장 박동에 힘이 넘쳤네 턱수염 하얗게 뿌리를 내려 근육질로 단단해진 그의 팔뚝을 타고 한 그루 자작나무 되어있었네 세월은 흘러 무성한 숲을 이뤘네 숲은 이미 세상 밖으로 나오는 길을 지웠네

한 때 그는 사랑 위해 온몸 던졌을 거네 이념 위해 젊음 바쳤을 거네 조국의 유토피아 실현을 위해 붉은 깃발 하늘 높이 휘날렸을 거네 그러나 한 순간 산화하는 별똥별처럼 그렇게 자작나무 숲에 들었을 거네 군데군데의 상처 표피 가득 가려움증을 안고 한 손엔 도끼 또 한 손엔 침묵의 사전, 그의 등은 지금도 버즘꽃 피고 있었네

때 없이 우수수 나뭇잎 지고 그 날 하필 목 놓아 통곡하던 사내의 소리 자작나무 숲을 울렸을 거네 애꿎은 잔가지만 도끼로 툭툭 찍어내었을 거네, 나 오늘 그를 만나 포옹을 했네 벌거벗은 그의 상처 어루만지며 뜨겁게 눈물 함께 흘렸네

한 사내 있었네 말없이 벌목을 하던, 혈관 아직도 시퍼렇게 펄떡거리고 심장 박동에 힘이 넘치는 그 사내 그렇게 그곳에 두고 나 자꾸만 뒤돌아보네 자작나무숲

꽈배기 도넛 하나

1.

며칠 째 탁자 위에 덩그라니 놓여있는 꽈배기 도넛 한 개, 그, 뻣뻣한, 힘은 빼셔야 해요 자 이제 팔 다리 서로 엇갈려 걸고 목덜미 어깨의 부위 꾹꾹 눌러 굳어진 근육을 이완시켜 주세요, TV 화면 속에서 어깨 서로 눌러주며 스트레칭을 하던, 남자가 불쑥 화면 밖으로 손을 내밀어 탁자 위 꽈배기 도넛을 한 입 덥석 베어 문다 도넛을 감싸고 있던 하얀 설탕이 청소를 막 끝낸 카펫 위로 우수수 떨어져 내린다 아, 짜증

살다보면 한순간 울컥, 심사가 뒤틀려올 때 있다 마침 계절은 앙코르 왓* 저 머나먼 신비의 사원을 향해 태양열 강렬하게 내리꽂기 시작하였고 울창한 숲에서 뿜어대는 습한 열기도 거대한 나무뿌리를 타고 살금살금 신들의 정원을 빠져 나온다 남몰래 뒤따라 나온 먹구렁이 떼 탁자 위에 배배틀어져 있는 노란 꽈배기 도넛처럼 몸 서로 얽혀 휘감아 돈다 오오 거룩한 신전은 어찌 저 높은 곳에만 존재하는가 서둘러 저 신전을 향해 올라야 한다 몸 낮춰 걷는 거북이

처럼 낮게낮게 포복해 가자 뜨거운 태양열이 내려 쪼이는 가파른 계단 엉금엉금 기어서 가자 하지만 그곳에 채 다다르기도 전 쥐고 있던 기도문이 두 손 안에서 빠져나와 아래로 아래로 하강해 간다 빙글빙글 나선형을 그리며 땅바닥에 힘없이 내려앉는다 태양광처럼 붉은 열꽃, 얼굴 위로 점점이 피어오른다

2.

잠깐 사이 화면 속에선 온 몸을 뒤틀며 꽈배기도넛을 만들고 있는 요리사 있다… 이 반죽물을 한데 뭉쳐 단단히 치대어놓아야 해요 그 뒤 바람개비처럼 빙빙 돌아나갈 수 있는 날개를 달아주세요, 아시죠? 모양은 반드시 한 쪽 방향으로만 길을 내줄 것, 다음 노릇노릇해질 때까지 기름에 튀겨주기 오 물론 발효가 되는 동안 흥분은 금물, 차분한 인내가 필요해요 그런다고, 뒤틀려진 꽈배기 도넛의 안과 밖 겉과 속 그리고 상하 좌우, 이들이 서로 만나는 일이 가능할까요? 호호호 자 이제 온몸을 배배틀어 합체를 시도해 보도록 하겠어요 여기서 중요한 팁 하나, 가능한 손목에 힘을 주고 적당히 강하게 틀어줘기 그리고, 선명하게 드러나는 경계 가리기 위해 달달한 설탕가루 살짝 흩뿌려 주기…

탁자 위엔 며칠 째 내던져진 채 덩그라니 누워있는, 먹다

만 꽈배기 도넛 하나, 잔뜩 쪼그라든, 그리하여 더욱 견고하게 밀착돼 있는, 그러나, 그래서 더욱 불안한 서로의, 경계에, 울컥

* 캄보디아 앙코르에 위치해 있는 고 사원으로, 12세기 초 크메르 제국의 도성으로 약 30년에 걸쳐 축조되었다.

봄

겨울은 유난히 길다 숲은 나무들에게 사는 법 말하는 것을
멈춘 지 오래고 예측할 수 없는 미래는 깊은 침묵에 잠긴다
새들은 둥지 속에서 잠잠하다 부리를 열어 세상을 노래하던
새들은 소금기둥 혹은 전설의 바위쯤으로 화해 박물관 안의
차가운 밀랍인형처럼 서 있다

새들 다시는 나뭇가지에 깃들지 않는다 난 지독한 편두통
으로 몸살을 앓고 배꼽 주위엔 여전히 냉기 흐른다

겨드랑이 사이에 낀 체온기가 힘없이 떨어져나갔다 맥은
더 이상 짚이지 않는다, 바람 불어오자 나뭇가지 온몸을 유
난하게 흔들어대며 웃는다 웃음소리는 그러나 새의 깃털처
럼 허공에서 가볍게 흩어져 갔다

갑자기 배꼽 주위가 근질거린다 참았던 통증 풀어내듯
진달래, 그녀의 얼굴이 붉다 다시 피돌기가 시작되고 있었
다 어느새 땅 밑으로 들려오는, 물 흐르는 소리

굴업도에서 하루

갈매기가 절뚝절뚝 다리를 전다
해묵은 전설들을 무수히 쏟아내던
바다는 밤 내 가쁜 숨을 내쉬고 있다

하필 북두칠성은 어찌 내 몸을 덮쳐왔던가
산란이 시작되려는지 동이 터 오기도 전에
아랫도리에 이슬이 비치고 있다

응고된 시간들이 파도 끝에서 힘없이 부서지고 있었다 해풍을 타고 꿈을 꾸던 활자가 책갈피 사이에서 탄산음료처럼 기포를 낸다 바다의 폐는 기포로 가득하다 시간이 흐를수록 부피를 점점 부풀려가는 폐, 팽창하는 압력을 견디다 못해 해일이 인다 컴컴한 밤 만조와 맞물려진 바다는 커다란 기포덩이를 쉼 없이 쏟아놓는다 발자욱들 잠깐 사이 질서를 잃고 허둥거린다

억새능선을 따라 우욱우욱 울어대던 소사나무
밀림 사이에 서서 나도 절뚝절뚝 다리를 전다

간밤 북두칠성은 그림자만 남아있다

바다의 어깨가 한쪽으로 기울고 있다

나에게 잠을 허하라

난 밤마다 주문을 외지, 나에게 잠을 허하라
주문을 외고
다시 주문을 외고

밤하늘엔 은하수 거룩하게 흐르고 있었어 은하수 강물을 뛰쳐나온 별들 몇 개 투명한 캡슐을 타고 둥둥 우주로 날아올랐고 갈길 잃은 부랑아처럼 떠돌곤 했어 도도하게 흐르던 강물은 절벽에 몸을 던지며 아득하게 울고 있었어 내 몸은 컴컴한 어둠 속에 내던져진 채 밤을 하얗게 새워야 했어

수없이 많은 악어 떼들이 발바닥을 혀끝으로 핥으며 눈알 번득이고 있었어, 끈적끈적한 혓바닥의 돌기를 마구 세우고 있었어 새벽 무렵이면 변함없이 지구가 한 쪽으로 기울어갔어, 이따금 중심을 잃고 흔들리는 소리 들렸어

언제나 아침은 어둠의 경계를 뚫고서 일어선다네
그러나 세상은 권력을 시계에게 넘겨주었네
회전의자가 다시 또 열두 바퀴를 돌면

그제서야 거만한 모습 드러낸다네

나에게 잠을 허하라, 난 밤마다 주문을 외지

주문들이 불려나오고 있다
주술들이 불려나오고 있다
잠들이 줄줄줄 뜬 눈으로 끌려나오고 있다
잠들의 시신경이 벌겋게 부풀어 있다

노래하라 잠들의 노역자여
그댈 위한 시계추는 진작에 멈추어 섰다

난 밤마다 주문을 외지, 나에게 잠을 허하라
주문을 외고
다시 주문을 외고

갱년기 혹은

알고 있나요 무심하게 스치고 지난 그곳에선 지금도 무채색 혈흔이 흘러요 간간이 어지럼증에 시달리고 있고 주치의는 신경과민이란 모호한 병명을 들이대며 뱀처럼 혀만 낼름거리고 있네요, 수리비가 제법 나오겠어요

한여름에도 고드름은 아래로만 뿌리를 내려요 한겨울 아주 작은 속삭임에도 날카롭게 반응하는 얼음꽃처럼 잠복해 있던 불발탄들이 저 검푸른 혈관 밑에서 거대한 폭발음을 내며 폭죽 터지듯 터져 나와요 그럴 때면 당신과 나는 눈길 뜨겁게 교류할 테죠, 어찌할까요

삶을 살아내는 일이 왜 이리 겨운지 몰라, 천둥번개 번쩍이던 어느 날 가슴 한 쪽에 멍울이 생겼어 멍울 속엔 차가운 얼음알갱이들로 가득 차 있어 늘 몸이 시렸지 난 그렇게 저체온에 시달리며 밤잠을 설쳐야 했네, 문득 냉기 뿌려대던 얼음알갱이들이 불덩이 되어 온 몸을 화기火氣로 가득 채우고 있네

하늘이 우울해서 미칠 것 같다던
그녀, 기어이 병동 사각창틀 안으로 들다

암수 벌들이 허공에서 교접을 하듯 난 띵똥, 사내가 보내준 암호 같은 숫자들을 허공에서 조합한다 띵똥, 다시 허공으로 답신을 날린다, 정상처리 완료 띵똥,

차량 왼쪽 범퍼 앞 벗겨진 귀퉁이 한 쪽, 어린아이 손톱만했던 흉터가 저만치 내려앉은 구름의 엉덩이를 걷어차며 어룽어룽 부피를 넓히고 있다 마침 석양은 서산마루에 걸터앉아 저물녘 내내 돌아오지 않는 제 그림자를 기다리며 조을고 있다

어머니가, 없다

어무이가 집안에서 자꾸 무엇이 없어진다 하소연 한다
실한 놈으로 골라 매어놓은 마늘도 없어지고
매운 내 꾹꾹 눌러 담가놓은 고추장도 없어지고
사다리도 없어지고
빗자루도 없어지고
하룻밤 지나고 나면 누군가
구석구석에 숨겨놓은 뇌세포들을 한꺼번에 열어제끼고
수수깡 같은 뼈대만 남겨놓은 채 다 가져간다 하소연 한다
저 앞 중학교 운동장 안 포플러 나무
잎사귀는 한여름 무성한 그대로인데
잃어버린 기억을 찾아 어무인 밖으로만 떠돌고 있네
백구*도 어무이 따라 바람처럼 밖으로만 떠돌고 있네

어머니, 썰물 진 뻘밭에 서서 홀로 혁명가를 부르고 있다
어머니, 나락 진 벌판에 서서 홀로 희망가를 부르고 있다

밤하늘 별들 수없이 깜박거리고 그 때마다
우주의 한 귀퉁이가 조금씩 잘리어 나가고 있다

* 어머니가 집에서 키우는 개 이름.

비가 내린다

비가 추적추적 내리고 있다 종내 깨어날 것 같지 않던 나무들 어느새 푸른 잎사귀 건강하게 흔들어대는 오월, 풍요한 가을을 약속하듯 그렇게 비는 오고 있었다 모두 잠든 밤 슬픔은 끝내 울음을 터뜨리고 짓눌려지는 무게에 할 말을 잃는다 아무도 모른다 그가 어떻게 싹을 틔웠고 또 어떻게 줄기를 굵게 키워왔는지 왜 밤이면 힘없이 고개 꺾고 앉아 꺼이꺼이 목울음을 삼켜야 했는지

사람들은 너무 빨리 앞서 달렸다 하늘 역시 허둥거리다 중심을 잃었다

비가 내린다 하염없이 누군가의 우울처럼
비는 나뭇잎을 적시고 줄기를 적시며 흐른다
견고하던 사내의 등줄기가 어둠 속에서
마침내 무너져 내리고 있다

대마도에 들던 날

바람 불어온다
바람 따라 너울대는 파도가 높다
거칠게 저항하는 파도를 이기지 못해
선체가 대책 없이 흔들려댄다

사람들이 선체 바닥 위에서 몸을 굴리고 있다

전 날 내가 집을 나설 때부터 비바람은 한 발 앞서 달려 나갔다 그리곤 부산 앞 부두 선창가에서 밤새 불침번 섰다, 캄캄한 어둠 속에서 꽃들의 노래 소리 들리어 온다 바다는 밤 내 가쁜 숨 몰아쉬며 천식을 앓고 몸 뒤채며 몸부림치던 저 바닷물결을 타고 구슬픈 노랫가락 밤하늘에 울려 퍼진다

꽃으로 살라 꽃으로 살라 한 송이 아름다운 꽃으로 살라

승객들이 배를 움켜쥐고 구토를 한다

꽃으로 살라 꽃으로 살라 한 송이 아름다운 꽃으로 살라

파도가 배의 밑둥 한 가운데를 쩌억쩍 휘갈겨댄다
바다가 통째로 흔들려 오고 있었다

붉은 꽃, 진다 그 아래 더 붉어진, 꽃잎 진다
사월의 봄날 여전히 눈자위 불콰해 있는

대마도*를 휩싸고 도는 바람이 거세다

* 대마도엔 조선시대 마지막 황제 고종의 딸인 덕혜옹주가 일제치하기 일본인과 강제로 결혼해 살았던 흔적과 기념비가 함께 세워져 있다.

어린 소녀와 강냉이 할아버지

됐다 했는데두요 할아버지가 주셔요
싫다 했는데두요 할아버지가 주셔요
괜찮다 했는데두요 할아버지가 주셔요
아니라고 했는데두요 할아버지가 주셔요

인사만 했어요
그냥 인사만 했어요
이만치 서서 보기만 했어요
정말이에요 진짜에요 난 그냥 지나갈라 했어요

오늘은요 제 눈망울이 또롱또롱하다며 주셨어요
오늘은요 생글생글 웃는 입이 예쁘다며 주셨어요
오늘은요 머리 위 얹혀진 토끼털모자가 귀엽다며 주셨어요
오늘은요 그러니까 오늘 주신 이 강냉이는요 음

안 보여요
할아버지가 안 보여요
추울 때 신으시라고 털양말 들고 갔는데 안 계세요
근데요 기침이 심해져서요 이제 못 파신대요 어떡해요?

| 제3부 |

사랑, 그 쓸쓸함에 대하여

바이칼

어느 날, 사랑이 그렇게 내게로 왔다
무한대의 바다 초원 강물처럼
쪽빛하늘 그리움처럼
너와 나의 경계를 허물고
와락 달려드는 호숫가의 밤안개처럼

달빛 걷기

잠깐사이 해무는 밀려왔다네
소란했던 한낮은 입을 닫았고
별들 졸음만 쫓고 있었네
밤바다를 끊임없이 충동질하던 달뜬 휘파람 소리
내 집 담장을 넘어
설익은 뒤뜰의 앵두나무 잎새를 흔들곤 사라져갔네
그 밤 파도는 유난히 잘잘거렸네

고양이가 붉은색 장화를 목에 걸고서 바다로 들었다는 소문 돌았네
하필 그 밤, 안개는 어둠 속 바다를 안고 부표처럼 떠올랐다네
어울렁더울렁대던 가슴 한 쪽이 조금씩 더워져오고 있었네

하늘에서 별들 쏟자 바다가 해맑게 미소를 짓네
솔숲을 홀리던 밤의 향기는 공간을 끝도 없이 확장해 갔네
그 밤 하얀 모래밭 위로 푸른 물 뚝뚝 흘리며 걷던 달빛 보았네

자박자박 달그림자 발자국 새기며 걷네

이 밤 그렇게 임 마중 가네

사랑 타령

그림자만 밟아도 좋으리
등 돌린 네 어깨에 손을 얹고
향내 나는 목소리 들어만 봐도 좋으리
달아오른 불덩이가 가슴을 태울망정
한 치의 엇갈림도 용서치 않는 눈
차라리 부끄러워 고개를 돌리리

독한 술인들 날 이토록 취하게 하랴
세상엔 아무것도 보이지 않고
단 둘만의 존재
방언이 조금도 낯설지 않은
오로지 둘이서만의 살고픔이라
치자꽃 내 넘쳐흐르는 뜨락이리라

아름다운 날

—결혼축시·2

임이시여 오늘만큼은 부디 붉은 꽃등 켜고 오소서
임이시여 오늘만큼은 부디 푸른 잔디 밟고 오소서
임이시여 부디 오늘만큼은
봄날 같은 설레임 안고 어서 내게로 달려 오소서

오소서 오소서 어서 오소서
사랑하는 임이시어 내게 오소서
청사초롱 불 밝히고 어서 오소서

제 아무리 향기 짙은 꽃이라 한들
제 아무리 감동 깊은 곡조라 한들
세상엔 오직 하나 당신, 내 사랑하는 임

임이시여 오늘만큼은 꽃등 붉게 켜고 오소서
임이시여 오늘만큼은 잔디 푸른 위로 오소서
오늘만큼은 임이시여
강물 같은 설레임 안고 어서 내게로 달려 오소서

사랑, 그 쓸쓸함에 대하여

커피 한 모금,

혓바닥을 데우다

커피 두 모금,

속내를 알아내는 건 시간문제야 서로의 안부는 얼굴을 보지 않고도 충분히 확인이 가능하지 흑백논리가 굳건하게 이 땅을 지배하던 시절에도 달콤한 농도에 따라 당신의 웃음은 모호했어, 커피 두 스푼에 설탕은 하나, 프림은?

다, 마시다

사랑이여 이제는 종말을 고하라 지난여름 너의 목 줄기를 뜨겁게 달구던 태양도 그 열기를 거두어갔다 곧 담담하게 식어버린 그대의 어깨를 끌어안고 지난날을 추억하라 계절은 너의 이마를 향해 날카로운 화살촉을 겨누고 있다 두 발이 얼어붙은 강가의 갈대처럼 지금 네 눈은 적이 쓸쓸해온다

섬

먼 발치
먼 산 이우듯
바라만 보고 있네
산등성이 바위처럼
둥글게 굳어버린
물결 너머 당신
의 어깨

수박을 먹다

아낙들이 모여 앉아 수박을 먹는다

오매 으짜까 거시기가 우짰다고야
푸르딩딩헌 청상과부로 산 지가 월맨디 이 복중에
그 집 각시 배가 어쨌다고야
그려 낮짝 유난히 빤질하드만 밤마다 숱한 머시기들
번갈아 그 집 담장을 타 올라 넘었다고라

푸르른 잎들 밤새 등 돌려 불침번 섰소
어둠 속에서만 넌출넌출 뻗쳐나던 넝쿨줄기엔
간밤 밀애의 흔적 훈장처럼 새겨져 있고
아침이면 앞마당엔 붉은 모란잎 빛깔 더욱 붉어져왔소
덩달아 하늘 후끈 달아오르고 여름은 터질 듯이 부풀어왔소

아 글씨 고것이 은제까지 감춘다고 감춰질 일이더냐고
궁께 시방 지 뱃속에 든 얼라가 언넘 씬지는 안당가 모른
당가

끝끝내 고창댁의 머리채를 휘어잡고 나온 동네 아낙들
만삭진 복부 한 가운데를 사정없이 가르고 있다

오매 우짠다냐 요건 앞집 사는 박가
흐미 으짜까 요건 건넌마을 숫총각 오가
오매오매우짜야쓰까이 요건 이름도 성도 모르는 새까만,
것들

아낙들이 여전히 수박 속 살점들을 서걱서걱 헤집고 있다
점점이 박혀있던 씨앗들이 당황하여 줄행랑 친다

과즙이 달다 참 맛난

오라, 꽃밭으로

—결혼 축시·3

오너라 애야 어서 오너라
여기는 세상에서 가장 황홀한 꽃밭
맨드라미 한 낮의 여름을 이고
제 몸 위로 화들짝 꽃등불 켰다
꽃향기 그늘 아래 턱을 고이면
꿈길 건듯 들려오는 사랑의 노래

먹구름 하늘 향해 덮이어 올 제
천둥번개 밤 새워 울어 대더라
북풍한설 날 세워 몰아치더라
마침내 샛바람 불어오고 햇볕이 들고
순백의 화관 위로 별은 쏟아져
어화둥둥 내 사랑아 눈이 부시다

오너라 애야 어서 오너라
발끝 세워 서성이는 꽃잎 사이로
애인같이 내려앉는 여름날 태양
그 아래 온몸으로 우주를 여는

여기 세상에서 가장 황홀한

꽃밭으로 얘야, 오너라 어서 오너라

사월 오동도

아녀라 암 것도 아니어라
그저 꽃잎 하나 사뿐히 지고 있을 뿐

햇살은 물결 따라 일렁이는데
석양을 물들이는 사월 동백꽃
뒤돌아 서성이네 황홀한 이별

봄바람에 스러지듯 떠났던 그대
또 다시 등 돌려 떠나려 하네

가지 마,
제발,

푸른 물결 어질대는 바다 한 가운데로
한순간에 몸 날리는 새빨간 동백
가끔은 아주 가끔은
훌쩍이며 눈물짓는 사월 오동도

아녀라 암 것도 아니어라

그저 꽃잎 하나 사뿐히 지고 있을 뿐

거리論

그건 두통이었어

공지천 강가 삼류 까페 안에선 고국을 찾듯 애절한 모습의 하모니카가 내내 샌프란시스코의 밤을 노래했었지 고스란히 둥지를 빼앗긴 그 밤 나는 홀로 인적이 끊어진 강가에 앉아 어둠과 밤을 새웠고 이튿날 새벽 해소 짙은 안개를 밀치고 남몰래 밀실을 빠져 나오던 상기된 춘천의 아침을 목격했다

가을, 우듬지부터 물드는

사이로 마른 낙엽처럼 파고드는
소리 소리들

떨어져서 보는 거야 적당히

이만치서 보는, 가을이 곱잖아?

마지막이란 언제나 슬픈 모르스 부호다

노을이 붉다 붉은 저녁노을 아래
교교하게 웃음 짓고 선 동백꽃
긴긴 겨울을 이기고 나와
봄바람 불자 속절없이 떨어지며 곤두박친다
어둠이 동백나무 그늘을 덮어갈 즈음
새빨간 동백꽃송이
생사를 넘나드는 전장터에서 마지막
장렬하게 전사한 장병들처럼
통째로 산화해갔다
영혼까지 불사르던 내 사랑도
마침내 이봄 등 돌리고 떠나버렸다

일상 속 작은 이별에도 가슴은 저미어온다
마지막의 무게가 더해갈수록
눈물이거나 탄식이거나 체념이거나
기나긴 침묵이거나

마지막이란 언제나 슬픈 모르스 부호다

내가 이별을 대하는 방식

단언컨대 내가 그대에게 반드시 조금이라도 미련 남아있기 때문만은 아니라오 뜨겁던 우리의 사랑 어느 여름날 태양처럼 활활 불타올랐던 기억 잊은 지 오래, 권태의 그림자 따분하게 휘늘어지는 한낮의 오후 세시, 그리고 삼십 일초쯤 지나 번번이 그리움 족쇄처럼 내 발목을 휘감아올 때 덩달아 목덜미를 짓눌러오는 우울 한 사발 벌컥벌컥 들이키다 말고 심해의 지층 바닥에 누운 아픈 기억들 벌떡 일으켜 세워, 돌아와, 제발 다시 돌아오라 부르짖으며 마른 가슴 끝도 없이 내려치던 시간들 있었기 때문만은 절대로 아니라오 그게 그러니까 다시는 오지 않을 흘러간 시간 다시는 돌아오지 않을 강물처럼 떠나간 이별 군세도록 변치말자 더 군건하게 다짐하였던 맹세마저도 색깔 희미하게 바래버린 지금 미처 다다르지 못한 저 강줄기를 연어처럼 거슬러 오르기 위해 끝끝내 고삐 끌려가듯 끌려가야만 하는 안타까운 마음 있기 때문만은 아니라오 어느날 기어이 치골 불쑥 드러내며 주저앉아버린 잇몸 사이로 붉은 황토흙 잔인하게 흘러내렸고 지구의 축 흔들려오듯 흔들흔들 흔들려오던 치아의 뿌리, 마침 한 귀퉁이 노랗게 물들어가던 하늘 위로 한순간 먹구름 뒤덮여와 원망 무한정 쏟아 부었던 날들 있었기 때문만은 아니라오 앞을 향해서만 길을 내주는 길 위를 걸어가면서 나는 지금, 지금 아닌 이전의 시간들에게 오늘 아닌 어제의 시간을 향해 감히 바라건대 또 다시 그리움 못내 그리워 와서 다시는 눈물 나게 그리워하지 않기를 염원해 보지만, 하지만 단언컨대 내가 그대에게 반드시 미련 조금이라도 남아있기 때문만은 아니라오 그저 지금, 곧, 당장이라는 현재를 위해 엄숙한 의식 치러내듯 보내버린 지나간 어제, 그리고 이미, 벌써, 그리하여 마침내 남겨지고야 마는 흔적의 탑 애면글면 쌓으며 가야만 하는 우리네 삶이 문득 버거워지는 오늘이라오 절대 눈물 한 방울에 어제의 슬픔을 담아 쏟아내었던 그리운 날들 있기 때문만은 아니라오 절대로 아니라오

배꼽을 위한 연가

홀쩍 떠나는 일이 두려운 것은
바다가 내 안에서 아직도 출렁이는 까닭이다
바람 불어오는 날 빗줄기 덩달아 출렁대다가
검푸른 바다를 통째로 휘감아 안으며 달려오고 있는 까닭이다
물풀들 이제 막 새순 도드라져 오르다 말고
질서 없이 나뒹굴고 있는 까닭이다
가로수 무성한 큰 길로부터 햇살은 달려 나온다
나는 따스하고 온화한 그 햇살을 쫓아 재빨리 발걸음을 옮겨보기로 한다

한 철이 지나고 나면 길의 폭은 어김없이 한 뼘씩 줄어들었다
나는 지금도 좁은 그 길을 따라 이삿짐 싸고 풀기를 습관처럼 반복한다
출렁출렁 흔들리는 길 한 가운데 막막한 바다처럼 내가 서 있다
내 기억의 바다 앞에선 갈매기도 방향을 잃는다

다시 바다가 출렁거린다 정박해 있는 배의 고리를 풀고 나는 마침내 마침표 없는 순례의 길에 오른다 그러나 물결처럼 달아나고 또 달아나도 출렁출렁 내 안으로만 밀려들고 있는 바다, 그 끝으로 끝내 놓지 못하고 있는 질긴 그리움 하나, 어머니

저녁 스케치

축배를 들자 등을 구부려
되도록 창백한 얼굴로 다가오는 저녁을 위해

마침내 당신은 이별을 고하고
나는 늦가을 갈대처럼
다시는 재생되지 않을 기억들과
바싹 말라비틀어진 입술을 쥐고
무표정한 눈빛으로 손을 흔든다

한낮은 언제나 풀밭을 설레게 했지
황홀한 미소를 띠며 꽃들은 피고
안개 자욱한 강가를 따라 흐르던 물줄기 소리
차마 불규칙한 음률로만 흐르고 있어
어둠 향한 발끝이 황급히 속도를 낸다

축배를 들자 늙어 꼬부라진 저 할망구마냥
등 구부려 되도록 희미한 그림자로 다가오는 저녁을 위해

낙엽독백

때로는 과잉보호
때로는 애정결핍

늘 몸 흔들어 토해내고

여름 한낮의 볕이
긴 겨울밤의 바람이
얼마만큼 무서운가를 알지 못했다

깨달음이 고개 끄덕일 때 쯤
전에 내가 그러했듯이

너는 나를 버렸다

화랑대역*

이제는 멈춰버린 경춘선 철로
그 위를 고요히 햇볕 머물다 간다

개나리 설유화 넝쿨장미가
철 따라 꽃을 피우고
은행나무 포프라 떡갈나무 잎
계절 따라 옷을 벗을 때
한겨울 길손의 몸을 녹이던
한 잔의 커피 내음도
낡은 건반을 타고 끝없이 흘러나오던
추억의 노래도
흑백의 풍경 되어 서 있는 역사驛舍

노화가의 화첩 속에선
첫 새벽 휴가를 떠나는 여생도처럼
언제나 설레이며 달리고 있는

공릉동을 가로질러 내달리던 경춘선 철로

그 위를 쓸쓸히 바람 머물다 간다

* 화랑대역 : 서울 노원구 공릉동에 있는 간이역. 2010년 12월 수도권 전철 경춘선 개통으로 폐역되었다. 근처에 육군사관학교가 위치해 있다.

나는 바다를 듣는다*

귀를 닫고
눈을 감는다
다시
귀를 닫고
눈을 감는다

붉게 노을 지는 수평선 향해
안개는 수시로 장막 치며 내달아왔고
마침 당신의 몸 위로 짙게 흐르던 바다
출렁출렁 밀려드는 파도소리에
내 가슴은 두근두근

사랑아 내 사랑아
너 때문에
내가
미쳐
가슴에 등불 하나 푸르게 매달아 놓고
세상 끝까지

오 끈질기게 소리치며 달려드는
내 질긴 운명
같은

* 프랑스 니스항에서 구매한 향수 이름.

| 제4부 |

아마존을 듣는다

길

이른 새벽 지척도 구분 못할 만큼의 안개 있었다
표지판은 사라졌고 어디선가 소리로만 우는 지시방향등 따라 우리는 갔다
나뭇가지 위에 걸쳐있던 숲이 더듬거리며 안개 속에서 떠도는 사이 길은 잃어버린 제 얼굴을 찾아 거리를 헤맨다

버젓이 노상 방뇨하는 후미진 철로변
일그러진 현대인의 자화상처럼
곳곳에서 불균형이 균형을 맞춰가는 새벽안개 속
비누방울처럼 퐁, 퐁, 가벼워지는
너와 나의 길

어차피 오늘 하루는
쉿! 무채색 예감

아침 창가

아침이면 유난히 붉어지는 장미꽃, 있다 햇살 기웃대는 내 집 창가에 기대어 서서 넝쿨 따라 꽃들 송이송이 피어오른다 하늘빛 우울할수록 빛깔 더욱 선명해지는 꽃송이 보면서 안도 한다 위안은 항상 타인에게서 온다

푸른 하늘을 이고 유난히 환하게 웃고 선 저 장미는 오, 수 해 전 어느 해안가 절벽 아래 누웠던 가지였던가 사흘하고도 스무 시간 더 지나야 온다는 겨울 그 초입의 즈음 파르르 몸 떨며 웅크려 있던 여린 꽃가지 하나 불쑥 내게 다가와 품 안 가득 꽃으로 뒤덮고 있네

아침이면 내 집 창틀 위로 장미꽃 넝쿨 우거져간다
나는 장미꽃 유난히 붉어지는 창가에 앉아
붉은 장미꽃보다 더 붉게 벙글어가는 햇살을 마신다

행복통신

엄마 여기는요 영하 이십 도에요 내일은 삼십 도 가까이 내려간다나 봐요, 몹시 춥겠구나, 아니오 견딜 만해요, 추위 많이 타지 않았니, 그보다 엄마가 있는 그곳의 겨울은 너무 추운 것 같아요, 이곳은 영상이야, 그래두 외출할 때 따뜻하게 하고 나가셔야 해요, 오 이런

겨울은 차가운 별들을 헤느라 밤을 새우고
나는 귀를 세운 채
어둠 저편에 있는 딸들을 향해 잠들지 못하고

안개 혹은 기억의 집

이후에도 오랫동안 문은 열리지 않았다

늘상 안개는 새침한 얼굴로 보이지 않는 길 저쪽에 있다
따라서 사람들은 길을 떠날 때 희미한 기억의 봇짐을 싸야
만 한다 공중에서 물고기처럼 천천히 헤엄치는 나뭇잎들은
아마도 따뜻한 심장을 가지고 있을까 팔다리가 동시에 잘려
나가도 소리 한 번 지르지 않는다

새벽이면 안개가 성큼성큼 걸어나와 사람들을 지운다
길을 지운다
너와 나의 흔적들을 지운다
기억을
상처를
어제를

지상 위의 딱딱한 발자국 하나 지금도
여전히 그 집 문 앞을 서성이며 서 있다

서포리 해변에 노을

수줍어 수줍어서 돌아앉았다
부끄러 부끄러워 고개 숙였다
해당화꽃 농익어 흐드러지는 저기 저 너머
마침내 귓불까지 붉어지는 서포리 해변
솔향이 바람타고 휘달아오면

한 순간 파도줄기 소란해진다
한 순간 모래밭이 들썩여댄다
그 위로 눈부시게 날아드는 하얀 나비 떼
그 때 갑자기
아아 핏빛으로 물드는, 바다

딸아이와 자전거

자전거가 사라졌다 딸아이와 운동장을 함께 돌던 두발 자전거가 잠깐사이 사라졌다 딸아이는 그 날 이후로 한쪽 발을 절름대며 걸었다 정확하게 눌러대던 피아노 건반도 엇박자로 두들겨댔다 경쾌한 리듬을 타던 재즈곡 엔터테이너가 박자를 놓치고 기우뚱거렸다 아이의 몸놀림이 둔해지고 있었다

딸아이는 자전거를 찾기 위해 온 동네를 돌았다 갈비구이 집이 있는 골목가, 치킨냄새 풍기는 작은 삼거리, 컵라면 자판기가 있는 편의점 길가, 물고기들의 집 피시방 근처, 그리고 제가 살고 있는 아파트 계단까지

밤이면 딸아이의 방안에선 골목의 내음들이 흘러나왔다

정석빌라 303호는 검도장이 있는 골목 막다른 곳에 있었다 문짝은 아귀가 맞지 않아 벌어져있고 틈 사이로 보이는 신발짝들은 출구 앞에서 산만하였다 딸아이의 두 발 자전거는 허름한 그 집 현관 앞 기둥에 세워져 있다 쇠사슬은 그러

나 동그란 바퀴의 한 가운데를 큐피트의 화살처럼 관통하였다 딸아이는 말없이 자전거를 바라만 보고 서있다

딸아이가 다시 재즈를 친다 그 애는 이미 균형 잡힌 일상에 익숙해졌다 자전거는 그 집 앞에 세워져있고, 수직일 때 속력 내는 자전거바퀴처럼 놓았던 음표들이 딸아이의 손끝에서 경쾌하게 리듬을 탄다

골목 안 풍경

내가 사는 마을의 골목, 길들은 언제나 게으르다
게다가 앙큼하기까지 하여 길고양이처럼 어두운 곳에 몸을 숨기고 지나는 길손들의 표정을 살핀다

개들 수시로 사납게 짖어대며 골목 안 길을 깨운다
한가롭던 마을이 풍랑 일 듯 출렁거린다
구불구불 막다른 골목에 서면 절망이 튀어나와 무릎을 찬다

오랜 세월에 삭아버린 검은 비닐봉지 하나가
바람결에 뒤채다 말곤 엉덩이를 풀썩이며 다시 눕는다
길은 끝끝내 몹시 더디고도 지루하게 흐른다

골목 안 길들은, 한낮이 지나서야 부스스 허리를 편다
두 무릎을 옹송그레 그러안고 졸던 계단도 툴툴대며 고개를 든다

해거름 저녁이면 그 길을 따라 외출했던 발자국들 되돌아

온다

남루한 불빛들이 창틈을 비집고 흘러나온다
어둡고 습한 공기가 꺾이고 굽어진 골목길을 뒤따라오고
소리 없이 골목골목들을 휘돌고 간다

내가 사는 마을의 골목은
언제나 세상 밖의 길들을 안으로만 불러들이고 있다
그리곤 좁다랗고 길게 누운 하늘을 보며 쩌억쩍 하품만
해대고 있다

오후 네 시 반 압구정 로데오 거리

분명 내가 모르는 꽃들 만발해 있을 거야 잘록한 허리를 한 색색의 꽃다발들이 반짝이는 황금빛 리본 매달고 앉아 진열장을 화려하게 장식하고 있을 거야 오가는 행인들 은은하게 흘러나오는 라벤더 꽃향기에 취해 행복한 마약중독자처럼 거리를 떠돌고 있을 거야 그곳으로 가려면 저 깊은 땅속에서부터 하늘 위로 용틀임 하듯 길게 뻗어 올려진 에스컬레이터를 타고 올라야 하지 자, 발끝을 세워 봐 독무를 추는 발레리너처럼, 그렇게 오른 발에 힘을 주고 왼발 사뿐히 내딛는 거야 순간 네 머리 위를 관통하는 오로라, 곧 겹겹이 세워진 돌기둥 위로 불쑥 솟아오른 돔 둥근 파스텔궁전으로 안내할거야, 들어봐, 안에서 들려오는 웃음소리가 참, 정겹지 않니, 숨이 막혀요 아침 일찍 오늘 날씨가 예년 기온보다 높아질 거란 예보가 있긴 했어요, 기울어진 창틀만큼 햇볕 함께 기울어져 손등 위로 붉은 반점 하나 새겨 놓네요 내 얼굴에선 붉은 알러지가 장미꽃송이처럼 피어 오르겠군요 혹시나 비가 내리지 않을까요 우산을 준비해 나오긴 했어요 그런데 왜 하필 지금 빌딩 숲의 그늘이 갑자기 짙어진 거죠, 손가락 지문을 따라 촘촘하게 나 있는 미로 속에서 우왕좌왕 허둥대는 그림자 하나, 오늘 예약이신데, 못 오시나요 바람의 속도만큼이나 빠르게 돌아가는 타로카드 패, 그 집 문 틈 사이로 유난히 하얀 안개꽃 아른아른 피어오르는 오후 네 시 반 압구정 로데오 거리

소리는 둥글다

쿵 쿵쿵 또 시작이다 아침부터 온갖 소음들이 둥글게 기포를 날리고 있다, 파란 하늘이 투명한 유리창문을 둥둥 울리며 휘날려 왔고 오 누가 분노의 화살을 쏘았을까요 하늘을 찢듯 온 동네를 울리는 담장 너머 으르렁 컹컹 개 짖는 소리, 놀라 목울대에 핏발 세운 갓난아기 울음소리, 간 밤 허공을 울려대던 어느 여인네의 흐느낌 소리

소리들이 온종일 귓가에서 맴돌고 있다 순환선 열차를 따라 둥글게 달리던 철로가 원을 그리며 가고 사람들 그 안에서 쉼 없이 비명을 만들어 낸다 둥글게 굽어져 있던 고개들이 까딱까딱 흔들거리며 또 다른 동굴 속으로 든다 소리들은 종착역을 알지 못한 채 컴컴한 어둠 속에서 그렇게 입만 동그랗게 뻐끔대다가 다시 동그랗게 쫑알대다가 철망 안 강아지마냥 입을 벌려 동그랗게 짖어대고 있다 왈왈

아침이면 지구가 언덕 위로 해를 둥글게 띄워 올린다 사람들 그 때 굴렁쇠를 굴리며 집을 나선다, 저녁이면 동그랗게

굽어진 다리를 안고 되돌아와 동글동글 휴식을 취한다. TV 속에선 여전히 입술을 동그랗게 달싹이며 일상의 찌꺼기들을 쉬지 않고 토해내는 사람들 있다 그 찌꺼기들 마침내 화면 밖으로 튕겨져 나와 바닥으로 굴러 떨어져 내린다 각각의 굴렁쇠들이 집안을 온통 동그랗게 굴러다니고 있다. 재빨리 리모컨을 누른다. 음 소거.

마침 등 구부려 둥글게 앉아있던 고양이, 입을 열어 동그랗게 하품을 한다 야~옹 그 앞으로 공 하나 원을 그리며 달려 나간다 고양이가 데굴데굴 굴러가며 뒤쫓고 있다 둥글게 원을 그리며 밤새 어둠 속을 구르고 있다 데구르르 야옹 데구르르 야옹 데굴데굴 야옹야옹야~옹

아마존*을 듣는다

평온의 숲으로 나를 인도하라

울창한 나뭇가지 사이로 햇살 눈부시게 비쳐온다 아이들이 햇살을 줄넘기 삼아 붕붕거리며 날아다니고 있다 늙은 부족장의 나팔소리 들려오고 화살촉을 어루만지던 사내, 눈동자에 불꽃이 튄다, 먹구름 폭풍우 천둥 번개 한꺼번에 밀려오더니 나무둥치 여럿 뿌리째 뽑혀나간다, 길을 놓치다

악어는 더욱 깊숙한 곳으로 든다

아버지어쩌죠강물이불어발이묶인지어느덧사흘저앞무인도로오디따러간어머니끼니는어떡하나요얼기설기지은움막도곧무너져내려젖은몸누일곳없어요폭풍우쏟자방목되던까만염소가제집인냥뿔을세워요아버지온몸이불덩이에요변변한덮개도없이이밤하늘을이고앉아잠이들어야할까요우르릉쾅쾅번쩍거리는천둥번개가오늘따라벗같아요강가늪지대가더없이포근해와요아버지

절망의 늪, 속에서 신들이 걸어나온다
제우스 포세이돈 아프로디테
그들이 손을 높이 들어 간밤의 폭풍우를 찬양하네요
심하게 헝클어진 머리카락을 쓸어 올리곤 황금 빛 아침을 깨워요

다시 원시림
숲속은 고요하다

난 여전히 밀림의 정글 속에 갇히어 있다

* 아마존 : 김영동이 작곡한 곡명. 김영동은 이 곡을 통해 아직 문명이 닿지 않은 원시림 속 인디오들의 정서를 우리 국악과 교묘하게 접목시켜 놓음으로써 자신만의 독특한 음악세계를 펼쳐 보이고 있다.

빛은 각도를

빛은 각도를 늘 구부리고 있었네 태고 적부터 이어져 온 저 몸짓은 먼지들의 입자를 타고 한층 공고해 왔네 어둠이 또 다른 어둠을 향해 겹겹이 차양막 치면 그림자 길게 늘이던 산, 그늘 재빨리 화폭 속으로 드네 그르렁그르렁 하늘이 수평의 바다로 눕네 그러나 바다는 결들 수직으로 일으켜 세우고 있네, 빛은 각도를 늘 구부리고 있었으므로 산기슭 또한 가파르게 올라야 했네

빛 하나 있었네 어둠 속에서 거칠게 요동치는 물결 사이로 또 그렇게 요동치며 넘나들던 세상, 홀로 가는 그림자 보네 각진 어깨는 두 선 어느 새 흘러내리고 있었네, 바다가 다시 요동쳐 오네, 때 맞춰 급격하게 진행되는 횡격막 수축, 갑자기 딸국질 터져 나왔네 그렇게 아침은 언제나 발끝에서 선명해왔네 그럼에도 빛은 각도를 펴지 못하고 있네

빛은 각도를 늘 구부리고 있었네 절망 앞에서 절망의 빛깔보다 더 어두운 어둠으로 길쌈을 짓던, 세월에 곱사등이처럼 굳어져버린 내 아버지의 등, 그 아버지의 무등을 타고

빛은 홀연히 다리를 절뚝이며 내달아갔네 빛은 그렇게 너덜너덜 헤어진 상처를 끌고 삶의 굴곡점을 돌아 다시 동굴로 드네

기억하는 한 빛의 각도는 늘 굴절되어 있었네 그렇게 태초부터 동굴 속 어둠을 안고 빛은 각도를 늘 구부리고 있었네

개심사에서

밤이면 어머니는 곧잘 바다로 갔다 바람에 몸을 맡기곤 휘적휘적 바다를 향해 닻을 올렸다 그리곤 온 밤 내 산과 바다를 넘나들었다 그녀의 몸에선 일생동안 파도소리가 들렸다

세월 앞에서 적당히 녹이 슬어버린 골동품처럼
지금은 긴긴 항해를 끝내고 잠시 휴식 중

쟁강쟁강 풍경소리가 고요를 깨운다
또 깊고도 은은하게
중생들을 부른다
속세를 일깨운다

우기

밤사이 벽시계가
툭, 하고
바닥으로 떨어져 내렸다

땅들이 틈을 벌린다
지문의 결이 느슨해지고
축대들도 각을 허물고 있다

찻잔 속 물방울들이
갑자기 불규칙한 속도를 낸다
하늘 위로 수증기들
방울방울 날아오른다

무심했던 날들이 어깨를 편다

곰소항

한 무데기? 까잇거 오천 원만 주쇼. 아따 보소 요거이 팔다 요맨큼 남았넌디 싸게싸게 팔아불고 내도 얼릉 들어가뿐져야 않겄소. 워쩌케 먹냐고라, 찜통에 풋고추랑 파랑 송송 썰어 얹고 뜨거운 짐 푹 올려 상에 올려놔보셔이, 아 겁나게 맛있당께로 둘이 먹다 한나가 죽어도 몰른당께로 증말로 내는 그 때 책임 못져요 이? 쫀득쫀득헌 게 아 그냥 내가 먹고잡네그려, 아녀아녀 손님 드려야재 이리 귀한 걸 내 혼자 먹으면 쓰간디 암만 안되재. 아따 이거멘치로 싼거이 워딨간디요 자 자 암쏘리 허덜 말고 내 말대로 허랑께로? … 애고 얼굴도 곱재 우리야 워낙 여그 바닷바람 쐬고 살다봉께 저 앞 뻘바닥맨치로 검게 그슬리고 피부도 거칠거칠 안 허요

홍에라? 귀하재 암튼 요 간재미도 홍에 못잖게 맛이 솔찬헌께 맛 걱정은 허덜 말고 찜통에 푸욱 쪄서 드셔보랑께 아 설양반들이야 삐까뻔쩍허니 곱게만 살어서 우리네 같은 이녁들심정이야 워찌 알겄소만 그래도 우리 자석덜이 잘하고 상께 그걸로 족허요 내사 세월에 이리저리 치이다보니

요 앞 바다맹키로 작아졌소만 그간 엄한 풍랑에 괜히 안 시달렸다요 이제 이런 장사 그만 치뿐지라고 아그들이 못내 성화요만 요 간재미 팔아서 지덜 공부 시켜줬지 시집 장가 보내줬지 또 요놈 덕분에 내가 여적지 저그덜 등 기대잖고 안 사요 요것덜이 이녁에겐 영 고마운 놈이재 하믄

노을이 진다 좌판 위 푸들푸들 말라버린 간재미처럼 옹색하게 오그라든 군산 아지매의 어깨 위로 곰소항의 저녁하늘이 잘강잘강 부서져 내려앉고 있다

비상키

자동차의 문 굳게 잠겨 있다 어느 날 흔적도 없이 사라진 자동차 키…
문은 열리지 않는다

긴 침묵의 시간이 흘러간다 그 위로 칠흑 같은 어둠 뒤덮여온다

찻잔 속 평온한 하루가 조용히 흔들려왔다 하늘 푸르던 날에 구름 빈번하게 괴이어 왔고 노을 붉어지는 저녁이 오면 새들 저어하며 둥지로 든다, 그 때 거리를 떠도는 성난 군중들은 골목 어디쯤에 취객처럼 몸을 눕히나, 놀란 계절이 그들 앞에서 빗장을 단단히 걸어 잠근다

그 위로 칠흑 같은 어둠 뒤덮여왔다 침묵의 시간만 길게 흐르고 있고, 문은 열리지 않는다

굳게 닫혀있는 방문 앞에서 나는 숨이 막힌다 저 안은 지금 캄캄한 밤일까 환한 대낮일까 아름다운 꽃동산일까

새들 우짖는 소리 시냇물 졸졸졸 흘러가는 소리 꽃향기 온 방안을 진동하다 못해 문틈 사이로 흘러나오지 그 향기에 취해있다 날은 저물어가고 다시 동녘이 트고…

마침내 전화를 건다, AS센터죠? 제발 저 문 좀 열어주세요

긴급 출동한 기사가 차 문의 잠김 장치를 해제하며 내게 묻는다

비상키는 복사해놓으셨나요?

귀가

나 홀로 집에 드네
이제서야 홀로 내 집에 드네

내가 사막을 건너는 동안
밤이면 어깨가 무작정 시렸네
수시로 몸 누일 곳 찾아 헤매었으나
위안은 없었네 더불어 쓸쓸한 이 생의 삶
그러나 감사하네 세상을 사랑하는 법
그 속에서 배웠네
목마른 가뭄 또한 축복이라며
질경이처럼 인내하는 법
엉겅퀴처럼 흔들리며 사는 법을 배웠네
삶도 사랑도 그렇게 완성되어 가는 것임을 아네
세상은 따뜻한 거네 더 이상의 방황은 없네
이 밤 혼자여서 더 없이 행복한 나날이네

나, 이제서야 편안한 잠을 이루네

가을, 정취암

처마 밑 어디쯤에 고요 맴돌고 있나
물 위에 뜬 부레옥잠화처럼
소리들이 공간에서 팽창해간다
한낮의 적막을 가만가만 깨우는 풍경소리
새벽 예불을 마친 스님의 찻물 데우는 소리
담장 밑 키 작은 꽃들 앵토라져
밤새 수런거리는 소리

마침내 가을, 묵언수행에 들다

|해설|

시간의 '뼈' 사이 – 직립直立의 존재론

—소율의 시세계

백인덕 | 시인

1.

기억이 시간 편린片鱗들의 무질서한 저장고라면, 시는 기억의 체계화 된 흔적이다. 가끔 열망이나 비전의 시가 있다 하더라도, 엄밀한 의미에서 우리는 미래를 상상할 수 없고, 상상할 수 없는 것을 더 더욱 표현할 수 없다. 모든 것은 과거의 반사와 역반사일 뿐이다. 사실이 그렇다는 것뿐이다.

소율 시인의 『내 얼굴 위에 붉은 알러지』는 '시간의 뼈 사이'에 대한 무의식적 천착穿鑿과 시적 성찰을 통한 존재 확인을 기도하고 있다. 작품에서는 중심 어휘로서, 즉 시집 전반을 일관하는 상징으로서 '뼈'가 중심이 되어야 하겠지만, 필자의 독해는 '사이'를 중심으로 전개된다. 주지의 사실이지만, 사이는 '시-공간' 개념이다. 차이가 있다면 시간적 사이는 물리적으로 비가역적이지만, 공간의 사이는 언제든 변형 가능하다는 점일 것이다. 어쨌든 사이는 경계이고 접경이고, 따라서 불안의 영역領域이고 위로의 지대地帶다. '사이'(필자는 개인적으로 '틈'을 더 선호하지만)는 비록 무의식의 차원에서 언어의 표면을 뚫고 거칠게 솟구치지만, 그 거침과 투박함으로 인해 존재의 날raw 상황을 드러낸다. 교묘巧妙한 수법에 지나치게 몰두하지 않는 시작詩作이 건져 올리는 생생한vivid 이미지의 비밀이 바로 여기에 있다.

> 물기 젖은 내 몸속을 바람이 훑고 가네요
> 관절 마디마다에선 물안개가 피워 올라요
> 물 위에 뜬 내 집은
> 물살 한 번 일렁일 때마다 한 눈금씩 기울어가고
> 단단했던 둔덕 푸르르르 무너져 내려요
>
> —「물 위에 집을 짓다」 부분

굳이 의학적 상식을 떠올릴 필요는 없다. '관절 마디마다에선 물안개가 피워 올라요'를 관절염으로 읽는다면, 그것은 말 그대로 난센스다. 감각적 관여 능력의 부족이라는 것이다. '관절'은 '뼈'고 '사이'다. 뼈가 병든 것이 아니고 사이가 제 기능을 하지 못한다. 결국, "한 눈금씩 기울어가고/단단했던 둔덕 푸르르르 무너져" 내린다. 기울기에 대한 자

각은 존재의 시초를 상징한다. '집'이 단순한 거처居處가 아니라 존재의 근거根據라는 현대적 이해에 비춰보면, 이 작품은 '물-뼈-집'의 상징을 통해 이번 시집에서 소율 시인이 기획했던 바를 함축적으로 드러낸다. 물론 필자는 여전히 상징 어휘가 아니라 그것들의 사이, '—'에 집중하며 중요한 해석 요소라고 생각한다.

> 빗줄기 쏟아진다
> 쏟아지는 빗줄기에 도로는 점령당했다
> 어지럽게 흩날리는 빗줄기 따라 길들은 경계를 잃는다
>
> —「풍경-도시의 비」 부분

> 탁자 위엔 며칠 째 내던져진 채 덩그라니 누워있는, 먹다 만 꽈배기 도넛 하나, 잔뜩 쪼그라든, 그리하여 더욱 견고하게 밀착돼 있는, 그러나, 그래서 더욱 불안한 서로의, 경계에, 울컥
>
> —「꽈배기 도넛 하나」 부분

인용 작품들은 안과 밖이라는 일상적 경계가 지워졌을 때의 혼란, 아니 뒤따를 사태에 대한 불안을 드러낸다. 차이가 있다면, 비가 지워버린 길이 안쪽이 안전, 바깥이 위험으로 인식된다면, 제 3자가 먹어버린 도넛은 바깥이 유용, 안이 무용이라는 배치의 다름에서 찾아볼 수 있다. 이는 시인의 경계에 대한 불안이 전면적이라는 것을 비유적으로 보여준다. 그렇지 않은

가? 우리는 지독하게 지루한 일상에 의해 구성될 뿐, 어떤 특별한 숭고함에 의해 매순간 실재하는 것은 아니다.

소율 시인의 이번 시집에서 가장 중요한 시적 어휘 중 하나가 '안개'로 판단된다. 이미 언급한 것처럼 '무의식적 천착'의 취지와도 부합될 뿐만 아니라, 시집 전체의 표현 빈도에서도 압도적인 측면을 보이기 때문이다.

그곳에선 우리 모두 안개가 된다

앞서 가던 불빛이 희미해진다
길은 소리로만 길을 만들고
새들은 접은 날개를 펴지 못한다
나무들이 몸을 낮추는 사이
숲을 뒤덮던 잎새들의 푸른 기억마저
허공에서 떠돌고 있다

안개가 밤새워 목청껏 노래를 부르고 있는
하늘도 그곳에선 안개가 된다

—「그곳, 안개가 있는」 부분

이른 새벽 지척도 구분 못할 만큼의 안개 있었다
표지판은 사라졌고 어디선가 소리로만 우는 지시방향등 따라
우리는 갔다

—「길」 부분

> 늘상 안개는 새침한 얼굴로 보이지 않는 길 저쪽에 있다 따라서 사람들은 길을 떠날 때 희미한 기억의 봇짐을 싸야만 한다 공중에서 물고기처럼 천천히 헤엄치는 나뭇잎들은 아마도 따뜻한 심장을 가지고 있을까 팔다리가 동시에 잘려나가도 소리 한 번 지르지 않는다
>
> —「안개 혹은 기억의 집」 부분

안개는 불투명성을 그 속성으로 한다. 동시에 일시적, 즉 잠재성이라는 성격을 갖는다. 실체를 가리는 것, 전망을 가로막는 것, 나아가 존재의 지향을 사방으로 흩어지게 하는 마이너스 프리즘의 역할을 한다. 가령 "빛은 보이지 않았다 짙은 안개더미가/터널 속에서 허우적이는 내 발목을 휘감아 안고 사라져갔다"(「이 봄에 자목련」)처럼 자아의 정체불명을 암시하는 표현으로 작동한다.

비록, '원주 가는 길'이라는 사실이 적시되어있지만, 첫 번째 인용 작품에서 주목할 점은 "우리 모두 안개가 된다"는 시적 명제다. 안개의 불투명성은 기억, 즉 언제나 확연했던 것들, '길', '새', '나무와 잎새'들이 짐작으로만 지각되는 상황이 하나의 접점, 교집합으로 나와 타자를 '우리'로 묶는다. 사이 중에 가장 괴롭고 힘든 것이 타자와의 관계임을 미뤄볼 때, 그 길은 목표(원주) 이전에 동질성을 회복하는 과정이라 할 수 있다.

그 과정에 대한 충실성을 시인은 두 번째 인용 시를 통해 보여준다. 안개를 뚫고 "소리로만 우는 지시방향등 따라 우

리는 갔다"고 술회하고 있기 때문이다. 우리는 그저 동행일 수 있지만, '나는 갔다'가 아니라는 데서 시인의 시적 특질의 일단이 드러난다. 굳이 종교적 신념과 같은 가치체계를 언급하고 싶지는 않다. 다만 시인이 공동체적 가치에 눈 감지 않았음이 비유적으로 보인다. 마지막 인용 작품은 '안개와 기억'의 관계를 상기시킨다. 안개가 선명한 기억을 훼방하는 시적 대체물이라면, 시인은 성찰적 자세의 변화를 통해 이에 대응하고자 한다.

이 논리의 시적 형상화라는 측면에서 본다면 「어머니가, 없다」가 이번 시집에서 가장 완성도 높은 작품이라 해야 할 것이다. 치매, 즉 기억을 잃어가는 어머니는 자꾸 '마늘도 없어지고', '고추장도 없어지고', '사다리도 없어'졌다고 하시지만, 정작 사라진 것은 당신의 기억력일 뿐이다. 이 작품은 시인이 강제적으로 "기억을/상처를/어제를"(「안개 혹은 기억의 집」)를 지우려는 것과 대비되어 돋보인다. 사족이지만, '풀등'도 같은 계열의 작품으로 이해할 수 있을 것이다.

2.

경계, 혹은 사이란 닻을 내린 배가 아니다. 시간은 전진 또는 후퇴하고, 공간은 팽창, 수축을 반복한다. 우리가 사이, 틈에서 존재의 근거를 확정하기 어려운 이유가 여기에 있다. 일상은 안전하지만 감옥이고, 일탈은 일견 자유롭게 보이지만 위태롭다. 지독하게 비극적으로 인식한다면, 그래서 인생은 '진자의 추'처럼 쉼 없이 이쪽저쪽을 갈망할 뿐, 닿아도 머물러 서 있을 수 없는 것이다.

소율 시인은 이번 시집, 『내 얼굴 위에 붉은 알러지』에 안개의 대척점에 '바다'를, 물론 중심 시어이자 상징으로서 설정한 것으로 보인다.

> 바다로 간 사람들 더러 돌아오지 않았다 그럼에도 바다는 이튿날 여전히 동쪽에서 서쪽으로 해를 띄웠다 어쩌다 슬픔이 장막처럼 덮여오고 빗줄기 간간이 사납게 울었다
>
> —「바다로 가는 길목」 부분

> 꽃으로 살라 꽃으로 살라 한 송이 아름다운 꽃으로 살라
> 승객들이 배를 움켜쥐고 구토를 한다
> 꽃으로 살라 꽃으로 살라 한 송이 아름다운 꽃으로 살라
> 파도가 배의 밑둥 한 가운데를 쩌억쩍 휘갈겨댄다
> 바다가 통째로 흔들려 오고 있었다
>
> —「대마도에 들던 날」 부분

> 붉게 노을 지는 수평선 향해
> 안개는 수시로 장막 치며 내달아왔고
> 마침 당신의 몸 위로 짙게 흐르던 바다
> 출렁출렁 밀려드는 파도소리에

내 가슴은 두근두근

—「나는 바다를 듣는다」 부분

바다가 미지의 영역이라는 것은 사실이지만, 시적으로는 어떤 의미도 획득할 수 없다. 바다는 경계 너머, 정확하게 말하면 경계를 형성하는 접점의 맞은편에 위치한다. 간혹 어부들이 바다에 산다 하지만, 귀향이 예정되어 있는 항해는 늘 여행일 뿐 그 자체로 삶이 되지는 못한다. 시인은 첫 번째 인용 작품에서 '바다', 즉 경계 너머의 세계가 안겨준 슬픔과 자연, 즉 '천지불인天地不仁'에 대한 '슬픔'을 감추지 않는다.

그러나 곧 바다의 한 가운데서 다른 목소리를 듣는다. "꽃으로 살라 꽃으로 살라 한 송이 아름다운 꽃으로 살라"가 그것인데, '대마도'라는 목표를 향한 항해이기 때문에 가능한 표현이라고 이해할 수도 있다. 하지만 이 표면적 이해 아래로 내려가 보면, "파도가 배의 밑둥 한 가운데를 쩌억쩍 휘갈겨댄다"는 시적 진술을 만나게 된다. 바다가 관념의 영역이라면, 파도는 굳이 바슐라르를 언급하지 않더라도 그 자체로 역동적 이미지가 된다. 비록 '배(현재적 자아)'라는 일종의 용기容器에 떠 있을지라도, 언제나 '동쪽에서 서쪽으로 해'를 띄우는 "통째로 흔들려 오는" 바다에서는 삶의 진면목을 만나기 수월하기 때문이다.

마지막 인용 작품은 '안개(대지)/파도(바다)'로 구조된 소율 시인의 '사이, 경계'에 대한 이해의 지향점을 여실히 드러내고 있다. 언제나 "안개는 수시로 장막 치며 내달아 왔"지만, "당신의 몸 위로 짙게 흐르던 바다"를 확인했을 때, 시인은 "내 가슴은 두근두근" 한다고 진술할 수 있게 된 것이다. 불투명성을 극복하고, 때론 사건에 의한 슬픔(「벚꽃축제-팽목항」)과 어떤 기대(「자작나무 숲에 들다-러시아」)를 다 포섭包攝할 수 있는 극極을 만났기 때문이다.

밤이면 어머니는 곧잘 바다로 갔다 바람에 몸을 맡기곤 휘적휘적 바다를 향해 닻을 올렸다 그리곤 온 밤 내 산과 바다를 넘나들었다 그녀의 몸에선 일생동안 파도소리가 들렸다

세월 앞에서 적당히 녹이 슬어버린 골동품처럼
지금은 긴긴 항해를 끝내고 잠시 휴식 중

—「개심사에서」 전문

이 작품에 종적 연대거나 혈연적 유대감이라는 표현을 사용하는 것은 옳은 것으로 보이지 않는다. 이번 시집에는 「孝에 관한 고찰」과 「어머니가, 없다」(확장하자면, 「草墳순례」와 「어린 소녀와 강냉이 할아버지」도 포함될 수 있다) 등 '안개/파도' 사이에서 길항한 존재에 대한 작품이 보인다. 인용 작품은 '어머니'를 직접적인 지시 대상으로 설정해 제작된 것인데, 바다

와 산을 넘나들던 그 정신을 "세월 앞에서 적당히 녹이 슬어버린 골동품"이라 표현한다. 이 '골동품'이 결코 과거지향적이거나 구태의연하다는 느낌을 주지 않는다는 것이 이 작품의 매력이다. 이는 시인의 지향하는 바를 그대로 유비한다고 보인다. '개심사'는 시적 배치이고, 중요한 것은 시인의 자세다.

소율 시인의 자세는(필자는 시인의 자세는 사유의 자세지, 행동의 방향이 우선한다고 믿지 않는다) 그것이 일상에서 발현 되더라도, 결국은 경계에 대한 천착이라 할 수 있다. 표현의 강도가 반드시 정서적 교감의 깊이와 비례하는 것은 아니다.

> 남자는 하루 온종일 매표창구 앞에서 구걸을 한다
> 그의 과제는 언젠간 넘사벽*인 저 개찰구 당당히 통과해가는 일
> 그러나 지금 그에겐 너무 요원한, 그래서 끊임없이 구호만 반복해대는 용산역의 하루가 그 남자의 손끝에서 내내 휘돌고 있다
>
> 제가요, 표값이 모자라는 데요, 조금만 보태주세요,
> 제가요, 표값이 좀 모자라는 데요, 보태주세요,
>
> —「그 남자의 하루, 되돌이표 후렴구 같은」 부분

어느 역에선들 볼 수 없으랴, '넘사벽' 저쪽에서 구걸하는 한 사내에게 시선이 꽂힌다. 사실 이 작품이 좀 재밌는(?) 부분은 구걸의 멘트가 자꾸 짧아진 다는 것이다. 소득은

없고, 슬슬 부화가 치밀어 올랐는지 알 수 없는 노릇이다. 시인은 걸인의 구호를 표면 그대로 읽어준다. “제가요 표값이 좀 모자라는 데요”를 정말, 그 값이 충족되면 그가 표를 사서 어디론가 떠나, 다시는 구걸행위를 하지 않을 것처럼 본다. 물론 ‘반복해대는’에서 그 속성을 짐작할 수 있지만. 어쨌든 시인은 말의 표면과 이면 사이에도, 의도하지 않은 ‘사이, 틈’이 저절로 발생한다는 것을 이 작품을 통해 보여준다. ‘개찰구’의 이쪽과 저쪽이 눈에 보이는 경계지만, 사실 ‘그 남자’의 진정한 문제는 언술(표 값이 모자라는데요)의 표면과 이면의 사이를, 타자(행인)는 다 알고 있는데 정작 본인(그 남자)이 모르거나, 외면한다는 데서 냉정한 광경이 빚어진다.

3.

십분 양보한다 해도, 오늘 우리는 유연한 사고, 태도 심지어 ‘뼈’까지 강압적으로 요구하는 사회에 살고 있다. 기형이 정상이 되고, 연체동물처럼 실수와 반성을 유연하게 맞바꾸면 최소한 인기를 누리며 살 수 있는 세상에 담겨 있다.

소율 시인은 가늘지만, 몇 개의 뼈를 세우려는 자기 의지를 확실히 한 것 같다. 시작은 하나의 지향이므로 현재 성과가 시인의 전부를 대변할 수 없다. 가령, 시인은 이런 작품을 던져, 작은 경험의 큰 울림을 기획한다.

딸아이는 자전거를 찾기 위해 온 동네를 돌았다 갈비구이 집이 있는 골목가, 치킨냄새 풍기는 작은 삼거리, 컵라면 자판기가 있는 편의점 길가, 물고기들의 집 피시방 근처, 그리고 제가 살고 있는 아파트 계단까지

밤이면 딸아이의 방안에선 골목의 내음들이 흘러나왔다
정석빌라 303호는 검도장이 있는 골목 막다른 곳에 있었다 문짝은 아귀가 맞지 않아 벌어져있고 틈 사이로 보이는 신발짝들은 출구 앞에서 산만하였다 딸아이의 두 발 자전거는 허름한 그 집 현관 앞 기둥에 세워져 있다 쇠사슬은 그러나 동그란 바퀴의 한 가운데를 큐피트의 화살처럼 관통하였다 딸아이는 말없이 자전거를 바라만 보고 서있다

—「딸 아이와 자전저」 부분

사이, 경계에 대한 사유가 어려운 이유 중에 하나는 그것을 현실, 사회적 층위로 환원했을 때, 공동체를 형성하는 여러 가치, 도덕 체계와 상충하는 면을 그대로 드러내기 때문이다. 그렇기 때문에 시는 더욱 더 그 문제에 집중해야 하는 것인데, 시대와 존재라는 두 개의 버팀목 없이 '좋은 시'가 생성될 가능성은 전혀 없기 때문이다. 소율 시인은 이 작은 시적 우화를 통해 시인됨의 한 자질을 암시적으로 보여준다. 우화allegory의 수법이 수월하게 적용되었다. 일종의 모더니스트인 필자로서는 반가운 일이 아닐 수 없다.
결국, '직립의 꿈'이란 서서 하늘을 올려다본다는 것인

데, 이는 사이, 틈으로서의 타자, 사회, 세계에 대한 이해를 멈추지 않겠다는 말과 같다. 소율 시인의 이번 시집에서 그 맹아萌芽를 본다. 안개는 걷히고, 파도도 순간 잠들겠지만 시인의 영혼은 경계에서 조금 더, 아니 오래 머뭇거려야 하리라. 우리 다.